少年战国策

吕郦 著

中国画报出版社
CHINA PICTORIAL PRESS

图书在版编目（CIP）数据

少年战国策 / 吕郦著. -- 北京：中国画报出版社，2024.8
ISBN 978-7-5146-2429-8

Ⅰ.①少… Ⅱ.①吕… Ⅲ.①《战国策》—儿童读物 Ⅳ.①K231.04-49

中国国家版本馆CIP数据核字(2024)第103221号

少年战国策

吕 郦 著

出 版 人：方允仲
责任编辑：郭翠青
责任印制：焦 洋

出版发行：中国画报出版社
地　　址：中国北京市海淀区车公庄西路33号
邮　　编：100048
发 行 部：010-88417418　010-68414683（传真）
总编室兼传真：010-88417359　版权部：010-88417359

开　　本：16开（710mm×1000mm）
印　　张：12
字　　数：100千字
版　　次：2024年8月第1版　2024年8月第1次印刷
印　　刷：三河市天润建兴印务有限公司
书　　号：ISBN 978-7-5146-2429-8
定　　价：52.00元

前 言

《战国策》是一本神奇的书——许多人可能没看过它，却一定知道几个出自《战国策》的故事。尤其是对于中小学生而言，《战国策》中的故事伴随着他们整个校园阶段。

小学时，我们在课本上会学到"狐假虎威""画蛇添足"等成语故事，出自《战国策》；

初中时，课本里的经典古文《唐雎不辱使命》《邹忌讽齐王纳谏》，出自《战国策》；

到了高中，《触龙说赵太后》等必读的课文，同样也出自《战国策》。

《战国策》就是这样一本能够给不同年龄段的人带来启发、适合不同年龄段人阅读的古文经典，同时它也是一部历史典籍，其中囊括许多战国时重要的历史事件，以及历史上智者们的高超智慧。

所以，我们可以说：《战国策》这本书，读得越早，对

孩子的帮助越大。

当然，对于较低年龄段的学生而言，《战国策》原文恐怕有些晦涩难懂，独立阅读难度很高。为解决这一问题，我们特别推出了本书——《少年战国策》。

《少年战国策》作为一本专门写给学生的名著普及类读物，有三个最重要的特点。

第一，经典文章，优中选优。

战国策全书共33卷，497篇，约12万字。《少年战国策》从中甄选出了最适合较低年龄段学生阅读的30篇经典文章，并以白话文的方式呈现给读者。本书所选文章，或是经典成语的出处，或是学生将来要学到的课文，对于辅助同学们的语文学习有极大帮助。

第二，"文史结合"，在阅读经典文章的同时，了解战国历史。

本书在给读者呈现《战国策》经典故事的同时，还为同学们介绍了每个故事背后的历史背景，将这些历史背景按照时间先后排序,形成了一个简要版的"战国史",孩子可以在阅读经典文章的同时,了解战国时期的历史概要——从周朝衰落到三家分晋;从七国争雄到秦国一统……通过文史结合的呈现方式,既可以让孩子对历史产生兴趣,又可以让孩子对经典文章背后的故事有深刻了解,帮助孩子加深对文章的理解。

第三,语言轻松、图文诙谐。

为了让读者对"战国策"的故事产生浓厚兴趣,既考虑到了对经典原著的准确呈现,也考虑到了孩子的阅读习惯,语言轻松、易读,同时辅以大量精美、诙谐的图片,通过图文结合的方式,帮助孩子加深理解。

最后,我们希望本书既能够帮助学生提升语文能力、历史水平,也能够成为孩子们了解古典名著、体会传统智慧的一把钥匙,这不仅对于孩子的学习有所帮助,也会对他们的人生产生积极影响。

目 录

一、温人之周 / 001
——"理直"自然"气壮"

二、智伯欲伐卫 / 007
——天下没有免费的午餐

三、文侯狩猎 / 013
——言必行、行必果

四、中山君飨都士 / 019
——莫以善小而不为,莫以恶小而为之

五、南辕北辙 / 025
——方向错了,再勤奋也没用

六、狐假虎威 / 031
——"借力打力"的智慧

七、三人成虎 / 037
　　——人人都说的，也未必就是真理

八、邹忌讽齐王纳谏 / 043
　　——奉承之言好听，但"水分"大

九、韩卢逐逡 / 049
　　——精力有限，不能浪费

十、画蛇添足 / 055
　　——过犹不及，适度才是最好

十一、海大鱼 / 061
　　——人人都有好奇心

十二、淳于髡荐贤 / 067
　　——物以类聚，人以群分

十三、齐宣王见颜斶 / 073
　　——身居高位者，当礼贤下士

十四、千金市骨 / 079
　　——摆正态度，打响名声

十五、伯乐一顾 / 085
——"名人效应"的威力

十六、鹬蚌相争 / 091
——远离无谓的争斗

十七、贯珠者献计 / 097
——换个角度思考问题

十八、两虎相斗 / 103
——不要在冲动时做决定

十九、曾母投杼 / 109
——流言可畏，蜚语诛心

二十、猎者得麋 / 115
——在绝对力量差距面前，再多技巧也没用

二十一、扁鹊见秦武王 / 121
——专业的事，就该交给专业的人

二十二、江上船女 / 127
——与人方便，自己方便

二十三、博胜神丛 / 133
　　——核心利益不可拱手让人

二十四、群狗争骨 / 139
　　——唯利是图者，必然见利忘义

二十五、百发百中 / 145
　　——适可而止，功成身退

二十六、亡羊补牢 / 151
　　——改正错误，越早越好

二十七、不死之药 / 157
　　——偷换概念有奇效

二十八、骥服盐车 / 163
　　——没有机会，才华就等于粪土

二十九、吕不韦贾于邯郸 / 169
　　——奇货可居，风险与收益成正比

三十、秦攻赵长平 / 175
　　——唇亡齿寒，贪小便宜吃大亏

一、温人之周

——"理直"自然"气壮"

周朝末年,群雄割据,"周天子"已经成了名义上的统治者,实际上,许多诸侯国已经不把天子放在眼里。

各个诸侯国为了抢夺地盘，连年征战，他们都害怕别国的奸细混到自己国家，所以边关防守非常严密，不敢轻易放陌生人进城，就连周朝天子控制的那一小块地方（东周），也不容许其他诸侯国的人随意进出。

一、温人之周

魏国温城有一个人想去东周都城,守城人不准他入境,并且问他:"你是外地人吗?"

温人答道:"我是周人。"

可是守城人问他在城内的住址,温人却答不出来,于是官吏就命人把他抓了起来。

周王听说了这件事,就差人来问:"你既然不是周人,又不承认自己是外地人,这是为什么啊?"

温人回答说:"我自幼熟读《诗经》,书中提到:'普天之下,每寸土地,都是周王的领土。四海之内,每个百姓,都是周王的臣民。'如今周王君临天下,那我肯定是天子之臣民,又怎么会是外地人呢?所以我才说自己是'周人'。"

周王听温人这么说,就让官吏把他放了。

一、温人之周

战国策原文

温①人之②周,周不纳③,客即对曰:"主人也。"问其巷④而不知也,吏因囚⑤之。君使人问之曰:"子非周人,而自谓非客,何也?"对曰:"臣少而诵《诗》,《诗》曰:'普天之下,莫非王土;率⑥土之滨⑦,莫非王臣。'今周君天下,则我天子之臣,而又为客哉?故曰主人。"君⑧乃使吏出⑨之。

——出自《战国策·东周策》

注释

① 温:东周时周王国都范围内的领地,后来属魏国。
② 之:往,到……去。
③ 纳:接受。
④ 巷:住宅。
⑤ 囚:拘禁。
⑥ 率:从,自。
⑦ 滨:水边;靠近水边的地方。
⑧ 君:统治,主宰。
⑨ 出:释放,开脱。

智慧解读

随着周朝衰落和诸侯割据,周王成了名义上的天子。但是周王毕竟是名正言顺的天子,这在当时是公理。温人据理力争,他的理由无可辩驳,因为他在坚持公理。如果周王反驳他,那就是承认自己不再是号令天下的天子。对于周王来说,有人还记得他这个周天子,心里多少还是有些感动的,所以选择礼让温人,将他无罪释放。

小伙子很明事理啊!

二、智伯欲伐卫

——天下没有免费的午餐

晋国是周朝最强大的诸侯国,但是,晋国国君对于国家没有足够的掌控力,国家权力被赵、韩、智、魏四大家族把持。其中,智氏家族的智伯是晋国的执政大臣,掌握着晋国大多数权力。

智伯为了扩大晋国的势力，对周围其他诸侯国大举进攻，对于齐国、郑国，智伯采取的是强攻；对于卫国，智伯采取的却是智取。

智伯先给卫君送来四百匹野马和一支白玉。卫君十分高兴，群臣听说后都前来祝贺，只有南文子满面愁容。

卫君不解，问道："全国上下举国庆贺，你为什么忧心忡忡啊？"

南文子说："对智伯而言，我国既无功劳，又无苦劳，

二、智伯欲伐卫

他却赏赐礼物，大王不能不谨慎对待啊！况且这四百匹野马和一支白玉非同小可，本应是小国进贡给大国的礼物，如今晋国作为大国，反过来把如此贵重的礼物送给我们。他大概是有所图谋的！"

卫君把南文子的话告诉边境将领，让将士们多加小心。

果然，智伯想趁卫国不备出兵偷袭，到边境一看，发现卫国防卫严密，无机可乘，只好无功而返。智伯感叹道："卫国朝中肯定有能人，提前料到了我的计划。"

智伯又想出一个偷袭卫国的办法，于是假装驱逐本国太子，让他逃往卫国。

南文子听说后，跟卫君说道："太子颜身份高贵，品德修养都堪称君子。智伯非常宠爱他，如今太子没犯大罪却逃亡出来，这其中必定有诈。"

于是，卫君派人到边境等候太子颜，并下令："如果太子颜的兵车超过五辆，千万不能让他入境。"智伯听说后，只好打消了偷袭卫国的念头。

# 战国策原文

智伯欲伐卫，遗①卫君野马四百，白璧一。卫君大悦②。群臣皆贺，南文子有忧色。卫君曰："大国③大欢，而子有忧色何？"文子曰："无功之赏，无力之礼，不可不察也。野马四，白璧一，此小国之礼也，而大国致④之。君其图⑤之。"卫君以其言告边境。智伯果起兵而袭卫，至境而反。曰："卫有贤人，先⑥知吾谋也。"

智伯欲袭卫，乃佯亡其太子，使奔卫。南文子曰："太子颜为君子也，甚爱而有宠，非有大罪而亡，必有故。"使人迎之于境，曰："车过五乘⑦，慎勿纳也。"智伯闻之，乃止。

——出自《战国策·宋卫》

注释

① 遗：馈赠。
② 悦：高兴。
③ 大国：全国。
④ 致：送到。
⑤ 图：谋取。
⑥ 先：提前。
⑦ 乘：一辆四匹马拉的车称为一乘。

智慧解读

天下没有免费的午餐,每一样东西,都暗中标好了价格。智伯送重礼,是为了麻痹卫国,趁卫人在边境放松警惕,发兵突袭;南文子明白"无功不受禄"的道理,提前识破了智伯的计谋。智伯宠爱的太子突然逃到卫国,也是为了浑水摸鱼进入卫国,南文子认为"事出反常必有妖",派人阻止太子入境,智伯的阴谋不攻自破。不贪便宜,清醒理智,才能避免落入陷阱。

三、文侯狩猎

——言必行、行必果

晋国的智伯为国家立下许多功劳，他的权力也越来越大。

　　一次,智伯对国内其他三大家族赵、韩、魏说:"我们各自拿出一百里土地,交给国君,如何?"三大家族不愿意将土地献给晋国,又怕惹怒智伯,于是暗中联手攻打智伯。

　　三大家族打败了智伯之后,不仅瓜分了智伯的土地,甚至干脆把晋国一分为三,分别建立了魏国、赵国和韩国。这一事件就是历史上著名的"三家分晋"。从此之后,中国历史从"春秋时期"来到了"战国时期"。

　　魏国的创立者是魏文侯，建国后，魏文侯任用李悝为国相，施行变法，史称"李悝变法"。通过变法，魏国在短时间内快速崛起。在外交上，魏文侯展现了非凡的智慧，不仅巧妙地与秦、楚等强国保持平衡，还与周边国家——比如越国——发展友好关系，避免了不必要的纷争。

　　一次，魏文侯和虞人约定好一起去打猎。

　　到了约定的这天，魏文侯和大臣们在宫中饮酒畅谈，大家推杯换盏，十分高兴。

这时，天上下起了大雨，可是魏文侯却命人备马打算外出。

几个大臣觉得奇怪，于是问道："大王，咱们正喝得尽兴，况且天上又在下雨，您要去哪儿？"

魏文侯回答："我和虞人约好了今天打猎。虽然此刻正在兴头上，天公也不作美，但是约好的事情，怎么能不遵守呢？"于是出发去见虞人，亲自取消了约定。

此后，魏国国力日渐强盛。

三、文侯狩猎

战国策原文

　　文侯与虞人①期②猎③。是日④，饮酒乐，天雨。文侯将出，左右曰："今日饮酒乐，天又雨，公将焉⑤之？"文侯曰："吾与虞人期猎，虽乐，岂可不一会期哉！"乃往，身自罢⑥之。魏于是乎始强。

——出自《战国策·魏策一》

注　释

① 虞人：掌管山泽田猎的官员。
② 期：约定。
③ 期猎：约定打猎的时间。
④ 是日：这日。
⑤ 焉：哪里。
⑥ 罢：取消。

# 智慧解读

君子一言，驷马难追，做人要讲诚信。魏文侯和虞人约好打猎，到了约定的时间，即便饮酒正酣，天降大雨，他还是坚持赴约。作为一国之君，面对一个小官，即使失约也算不得什么，并且天气不好，不宜出行，本就是一个极好的理由，但是魏文侯还是冒雨前去，表现出了信守承诺、践行约定的品质。君王如此守诺，魏国强大也在情理之中。

四、中山君飨都士

——莫以善小而不为,莫以恶小而为之

战国早期,有齐、楚、燕、韩、赵、魏、秦七个强大的诸侯国,号称"战国七雄"。

除了七雄,还有宋、鲁、滕、卫、蔡、中山、吴、越、巴、蜀等小国,在小诸侯国里,中山国的实力比较强,号称"第八雄"。

中山国的国君邀请国都里的士大夫,并设宴款待他们,当时士大夫司马子期也在场。由于做的羊羹不够,司马子期没有吃到,他一气之下就跑到楚国去了,还劝说楚王攻打中山国。

中山国战败，中山君被迫逃亡。有两个人一直手持武器，片刻不离地跟在他身后。

中山君很奇怪，他回头问道："你们俩为什么要跟着我啊？"

两人回答："我们的父亲有一次快要饿死了，是您赏给他饭吃，救了他一命。父亲临死时交代我们兄弟二人：'一旦中山君有难，你们一定要拼死保护他。'如今您遇到危难，我们搭上性命也要报答您的救父之恩。"

中山君仰天长叹："给人恩惠不在多少，在于是否救人于危难；与人结怨不在深浅，在于是否伤了别人的心。我因为一杯羊羹亡了国，却因为一壶食物得到了两个舍命相护的勇士。"

战国策原文

　　中山君飨①都士，大夫司马子期在焉。羊羹不遍，司马子期怒而走于楚，说②楚王伐中山，中山君亡。有二人挈③戈而随其后者，中山君顾谓二人："子奚为者④也？"二人对曰："臣有父，尝⑤饿且死，君下壶飡⑥饵之。臣父且死，曰：'中山有事⑦，汝必死之。'故来死君也。"中山君喟⑧然而仰叹曰："与不期⑨众少，其于当厄；怨不期深浅，其于伤心。吾以一杯羊羹亡国，以一壶飡得士二人。"

　　　　　　　　——出自《战国策·中山策》

注释

① 飨：宴请。
② 说：说服，劝说。
③ 挈：拿着。
④ 者：这样。
⑤ 尝：曾经。
⑥ 壶飡：用壶盛的汤饭。
⑦ 事：变故，事故。
⑧ 喟：叹气。
⑨ 期：希望。

智慧解读

中山君宴请名士,因羊羹数量不足,司马子期没有喝到。一碗羊羹没吃到,宽宏大度的人一笑了之,心胸狭窄的人心生怨恨。司马子期虽有能力,却是后者。中山君也有责任,好事没有做周全,才遭人怨恨,也付出了亡国的代价。锦上添花虽然好,雪中送炭更珍贵。他用一碗粥救了老人一命,老人又是知恩图报的人,所以在亡国败走途中才有勇士舍命相助。

真是成也"食物",败也"食物"啊!

五、南辕北辙

——方向错了，再勤奋也没用

魏国经过了魏文侯的变法和魏武侯的武力扩张之后，到了第三代国君——魏惠王统治时期，已经称霸中原，小国纷纷前来依附。

公元前354年,赵国攻打魏国的属国卫国。为了保护卫国,魏王命令大将庞涓率兵包围了赵国都城邯郸。当时季梁正在出使途中,听说这个消息后,他觉得非常不妥,于是赶紧半路折返回来。

季梁顾不得自己衣衫不整、灰头土脸的样子,匆匆忙忙地进了宫。见到魏王后,他先说了一个自己和行人的故事。

在大路上,季梁遇到一个行人,那人正朝着北面的方

向驱车前行。

季梁问行人:"你这是要去哪儿?"

行人说:"我要去楚国。"

季梁很奇怪,问道:"你到楚国去,为什么要往北走呢?"

行人说:"我的马匹精良。"

季梁提醒道:"马匹虽然精良,但这不是去楚国的路啊!"

行人又说:"我的盘缠足够多。"

季梁再次提醒他："盘缠再多，但这不是去楚国的路啊！"

最后，行人说："我的车夫驾车技术好。"

季梁感慨道："你提到的这几方面条件越好，你的马车离楚国就会越远啊！"

说完行人的事情，季梁告诉魏王："如今，大王的一举一动，都意在成就霸业，不能不谨慎。如果倚仗国力强大、军队强盛，就去攻打邯郸，扩展国土疆域，提高个人威名，那么大王发动的战争越多，距离大王的霸业就会越远，这和要去楚国却朝北走是一个道理啊！"

啊……楚国不在这边……你跑偏了啊……

战国策原文

魏王欲攻邯郸,季梁闻①之,中道而反②,衣焦③不申④,头尘不去,往见王曰:"今者臣来,见人于大行⑤。方⑥北面而持⑦其驾⑧,告臣曰:'我欲之楚。'臣曰:'君之楚,将奚为北面?'曰:'吾马良。'臣曰:'马虽良,此非楚之路也。'曰:'吾用⑨多。'臣曰:'用虽多,此非楚之路也。'曰:'吾御者⑩善。'此数者愈善,而离楚愈远耳!今王动欲成霸王,举欲信于天下。恃王国之大,兵之精锐,而攻邯郸,以广地尊名,王之动愈数,而离王愈远耳。犹至楚而北行也。"

——出自《战国策·魏策四》

注释

① 闻:听说。
② 反:同"返",表示"返回"。
③ 焦:卷曲。
④ 申:同"伸",伸展。
⑤ 行:道路。
⑥ 方:方向,此处表示"朝着……方向"。
⑦ 持:掌握,控制,此处表示"驾驶"。
⑧ 驾:马车。
⑨ 用:路费。
⑩ 御者:驾驭马车的人。

智慧解读

努力很重要,方向更重要。方向错了,条件越有利,离目标越远。行人要去楚国,肯定要驾车往楚国的方向行驶。如果偏离了方向,马匹越好,盘缠越多,车夫驾车越快,离楚国就越远。季梁想借助这个故事劝谏魏王放弃攻打邯郸的打算。季梁认为:成就魏国霸业应该靠魏王在诸侯中的威望,靠百姓的拥护。武力战争,劳民伤财,只会适得其反。这样的战争,赢得越多,离魏国的霸业越远。

爱卿言之有理啊!

六、狐假虎威

——"借力打力"的智慧

冷静，冷静啊！

虽然季梁用"南辕北辙"的故事劝谏魏惠王放弃攻打赵国，但是魏惠王并没有听从他的建议，执意要继续攻打赵国。

赵国抵挡不住魏国的进攻，只好向楚国的楚宣王求救。楚国出兵帮助赵国抗击魏国，导致魏国战败。魏国战败后，楚国令尹（春秋战国时楚国的最高官职，掌军政大权）昭奚恤率军攻占了魏国的土地，因此被魏国憎恨。

　　魏国人江乙为了挑拨楚宣王和昭奚恤的关系，故意传播谣言，说："北方诸侯都害怕昭奚恤，而不怕楚王。"谣言传到楚王耳朵里之后，楚王问大臣们："都说别人怕昭奚恤不怕我，这是不是真的？"江乙趁机给楚宣王讲了一个老虎和狐狸的故事。

六、狐假虎威

森林中,有一只老虎靠捕食各种动物为生。一天,它抓到一只狐狸,刚想张嘴好好美餐一顿,狐狸说话了:"你虽然是百兽之王,但是你不能吃我。"

老虎问:"为什么啊?"

狐狸回答道:"我是上天派来做群兽首领的,如果你把我吃了,就是违抗天命。如果你不相信我的话,咱们就试试看!我在前面走,你跟在后面,看看群兽见了我,是不是都吓得赶紧逃跑?"

老虎信以为真,就和狐狸同行。群兽看到老虎,纷纷四散逃窜,只是老虎不明白,群兽是害怕自己才逃跑的,老虎还以为群兽是害怕狐狸呢!

听完这个故事,楚宣王心里痛快多了。

六、狐假虎威

战国策原文

虎求①百兽而食之，得狐。狐曰："子无敢食我也。天帝使我长②百兽，今子食我，是逆③天帝命也。子以我为不信④，吾为子先行，子随我后，观百兽之见我而敢不走乎？"虎以为然，故遂与之行。兽见之皆走。虎不知兽畏己而走也，以为畏狐也。

——出自《战国策·楚策一》

注释

① 求：寻找，寻求。
② 长：统率，做首领。
③ 逆：违背。
④ 信：诚实。

 **智慧解读**

狐狸走在前面，老虎走在后面，表面上看是狐狸吓跑了百兽，其实它凭借的是老虎的威风。真正令百兽俯首称臣的，是老虎。江乙通过这个故事，是想告诉楚宣王："大王坐拥的百万雄师，由昭奚恤统领。北方诸侯害怕昭奚恤，其实是害怕大王的军队！"江乙的解释，彰显了楚宣王的威势和国家的兵力，楚宣王听了自然很受用。

七、三人成虎

——人人都说的，也未必就是真理

魏国攻打赵国时，赵国除了向楚国求救之外，还向齐国求救。齐国将领孙膑没有直接救援赵国，而是带兵包围了魏国，这便是历史上著名的"围魏救赵"。

　　正在攻打赵国的魏国将领庞涓，得知齐国军队打到了魏国，赶忙率军回救，结果走到半路时，在一个叫"桂陵"的地方遭到孙膑埋伏，大败，这就是历史上著名的"桂陵之战"。

　　虽然遭遇惨败，但魏国毕竟国力雄厚，不至于一蹶不振。十三年后，也就是公元前341年，魏国进攻韩国，韩国向齐国求救。这一次，孙膑在马陵再次击败庞涓，庞涓死亡，魏国精锐部队几乎全军覆没，魏国从此由盛转衰。

　　衰落之后的魏国，为了保证国家安全，决定与赵国结成同盟，并且互换人质，魏国派出大臣庞葱陪同太子去赵国做人质。

由于担心朝中小人诬陷中伤自己,所以临走前,庞葱特意去拜见魏王。他对魏王说:"大王,如果现在有一个人跑来说集市上有一只老虎,您相信吗?"

魏王笑答:"集市上怎么会有老虎呢?寡人不信!"

庞葱又问:"那如果有两个人跑来说集市有老虎呢?"

魏王迟疑了一下说:"那寡人会怀疑是否真的有老虎了。"

庞葱继续问道:"那如果有三个人跑来说集市有老虎呢?"

魏王立马答道:"三个人都说,应该确定无疑了,寡人肯定相信啊!"

庞葱接着说:"集市上根本没有老虎,当三个人都说有老虎时,就好像集

市上真的有老虎了,可见谣言的可怕。集市很近,谣言都能成真,邯郸和大梁相隔遥远,而非议我的人又远不止三人,希望大王到时能够明辨。"

魏王信誓旦旦地说:"你放心,寡人自然懂得分辨。"

庞葱刚辞别上路,中伤他的话就已经传到魏王那里。后来,太子充当人质期满回到魏国,庞葱却因小人谗言失去了魏王信任,再也没有被召见过。

七、三人成虎

战国策原文

庞葱与太子质①于邯郸，谓魏王曰："今一人言市有虎，王信之乎？"王曰："否。""二人言市有虎，王信之乎？"王曰："寡人疑之矣。""三人言市有虎，王信之乎？"王曰："寡人信之矣。"庞葱曰："夫市之无虎明矣，然而三人言而成虎。今邯郸去②大梁也远于市，而议臣者过于三人矣。愿王察③之矣。"王曰："寡人自为知④。"于是辞行，而谗言先至。后太子罢质，果不得见。

——出自《战国策·魏策二》

注　释

① 质：人质，此处表示"做人质"。
② 去：距离。
③ 议：评论是非，多指责备。
④ 察：调查。
⑤ 知：识别。

智慧解读

人言可畏,众口铄金。集市上本来没有老虎,但是说的人多了,就好像真有其事。谣言重复的次数多了,如果听者不懂得明辨是非,就会把谣言当成真理。庞葱是想警示魏王:不要被谗言蒙蔽。无奈魏王昏庸,纵然庞葱早有提示,魏王还是听信了小人的谗言,庞葱担心的事还是发生了。

八、邹忌讽齐王纳谏

——奉承之言好听，但"水分"大

今日的我，可真帅啊！

　　齐国之所以能够连续两次打败强大的魏国，一方面是因为齐国军队的统帅是历史上著名的军事家孙膑；另一方面则是因为齐国国君齐威王治国有方。在他的治理之下，齐国经济发达，文化繁荣，国力强盛，声威远扬。

　　齐威王是在公元前356年继位的，继位初期，齐威王并不贤明，生活上花天酒地，政事上碌碌无为。齐国国力逐渐衰微，屡遭别国欺凌。后来，通过邹忌等人劝谏，他才幡然醒悟，开始纳谏用能、操练兵马，齐国逐渐成了强大的诸侯国。

大臣邹忌身材高大，仪表堂堂。一天早晨，他穿戴好衣服问妻子："徐公是齐国有名的美男子。我与城北的徐公相比，谁更美呢？"

妻子说："你更美，徐公哪儿比得上你呢？"

邹忌不相信，又问小妾："我和徐公谁更美？"

小妾说："徐公怎么能和你相比呢？"

第二天,有客人来访,邹忌和客人交谈。邹忌又问客人:"我和徐公谁更美?"

客人说:"徐公没有你美啊!"

又过了一天,徐公来拜访。邹忌端详他的相貌,又看了看镜子里的自己,觉得自己的相貌与徐公相比差得太远了。晚上休息时,他仔细思考这件事,不禁感叹道:"妻子认为我美,是偏爱我;小妾认为我美,是害怕我;客人认为我美,是有求于我!"

邹忌通过这件事联想到朝政，于是向齐威王进谏说："妻子爱我，小妾怕我，客人有求于我，所以都说我比徐公美。臣下听一句真话都这么难，更何况是大王呢？您身边的姬妾都爱您，朝中的大臣都怕您，国内的百姓都有求于您，您听到的真话就更少了！"

齐威王觉得很有道理，于是下令："不管身份地位，任何人都可以进言，指出我的过错。敢当面劝诫者，受上等奖赏；上书劝谏者，受中等奖赏；在公共场合评议者，受下等奖赏。"

政令一颁布，大臣们纷纷进言献策。一年以后，即使谁想进言，也没什么可说的了。

八、邹忌讽齐王纳谏

战国策原文

邹忌修八尺有余，身体昳丽①。朝服衣冠，窥②镜，谓其妻曰："我孰③与城北徐公美？"其妻曰："君美甚，徐公何能及④公也？"城北徐公，齐国之美丽者也。忌不自信，而复问其妾曰："吾孰与徐公美？"妾曰："徐公何能及君也？"旦日⑤，客从外来，与坐谈，问之客曰："吾与徐公孰美？"客曰："徐公不若君之美也。"明日徐公来，孰⑥视之，自以为不如；窥镜而自视，又弗⑦如远甚。暮⑧寝而思之，曰："吾妻之美我者，私⑨我也；妾之美我者，畏我也；客之美我者，欲有求于我也。"

——出自《战国策·齐策一》

注 释

① 昳丽：容貌美丽。	② 窥：观看。
③ 孰：谁。	④ 及：比得上。
⑤ 旦日：第二天。	⑥ 孰：通"熟"，表示"仔细，周详"。
⑦ 弗：不。	⑧ 暮：夜晚。
⑨ 私：偏爱。	

智慧解读

说真话不容易,听真话更不容易。邹忌明明不如徐公长得帅气,但妻子、小妾和客人因为各种原因,纷纷赞美他比徐公美。好在邹忌有清醒的大脑,对自己也有理性的认识,通过这件小事明白了真言不易的道理,并且由己及人,劝诫齐王广开言路,纳谏除弊,及时发现并改正治国理政上的失误。

九、韩卢逐逡

——精力有限,不能浪费

齐国两次击败魏国军队后,齐王想要对魏国发动进一步的战争,将魏国彻底消灭掉。

齐国的谋士淳于髡认为,齐国不可能在短期内彻底打败魏国,一定会陷入旷日持久的消耗战中,这不是明智之举,于是他劝说齐王放弃进攻魏国。

在与齐王的沟通过程中，淳于髡先是给齐王讲了一个狡兔和疾犬的故事。

战国时期，韩国有一种名叫"韩子卢"的名犬，奔跑速度极快。东郭山上有一种名叫"东郭逡"的狡兔，以敏捷而著称。

九、韩卢逐逡

一天，韩子卢追逐东郭逡，兔子在前，狗在后，一前一后，绕着山跑了三圈，跃过了五个山头。最后，它们俩都筋疲力尽，实在跑不动了，只好停了下来，然后累死了。一个老农正好看见，他不费吹灰之力，便得到了一只兔子和一只狗。现在，齐国与魏国两军对峙，相持不下，将士们困顿不堪，疲倦不已，我担心到时秦国和楚国会趁虚而入，像老农那样不劳而获。

齐王听后，非常震惊，于是遣散部队，放弃了伐魏的计划。

战国策原文

齐欲伐魏。淳于髡谓齐王曰:"韩子卢①者,天下之疾犬②也。东郭逡③者,海内之狡兔也。韩子卢逐东郭逡,环山者三,腾④山者五,兔极⑤于前,犬废⑥于后,犬兔俱罢⑦,各死其处。田父见之,无劳倦之苦,而擅⑧其功。今齐、魏久相持,以顿其兵,弊其众,臣恐强秦大楚承其后,有田父之功。"齐王惧,谢将休士也。

——出自《战国策·齐策三》

注 释

① 韩子卢:战国时韩国名犬,黑色。
② 疾犬:跑得极快的狗。
③ 东郭逡:东郭山上的兔子。
④ 腾:跳跃。
⑤ 极:疲困,疲劳。
⑥ 废:衰败。
⑦ 罢:停止。
⑧ 擅:独揽,享有。

 智慧解读

　　韩子卢和东郭逡都是同类中的佼佼者,韩子卢跑得极快,东郭逡聪明又敏捷。高手过招,胜负难分,最后双双累死,让过路的老汉捡到一个大便宜。淳于髡是想借助这个故事警示齐王:齐魏国力相当,一旦开战,必将是一场旷日持久的战争。如果等到双方都兵力空虚、人困马乏的时候,半路再杀出个秦国或者楚国,齐国和魏国一定会沦为韩子卢和东郭逡的下场。

十、画蛇添足

——过犹不及，适度才是最好

魏国被齐国连续击败两次，国力大大衰落。

楚国趁魏国衰落，派兵进攻魏国。

公元前323年，楚国大将军昭阳率军攻打魏国，连续攻破魏国八座城池。

昭阳攻打魏国的军事行动大获成功之后，他又打起了小算盘，想把齐国也顺道给端了。这下可把齐威王给急坏了，于是拜托当时出使齐国的谋士陈轸去劝说昭阳。陈轸最大的本事就是有一条三寸不烂之舌。他见到昭阳后，给昭阳讲了一个画蛇添足的故事。

十、画蛇添足

楚国有一户人家祭祖。祭祖之后,主人用一壶酒款待大伙儿,结果人多酒少不够分。有人就出了一个主意:干脆这样吧,咱们在地上比赛画一条蛇,谁画得最快,这壶酒就归谁。大家纷纷表示赞同,于是都在地上画起来。

有一个人画得最快,一转眼的工夫就画好了。他端起酒壶刚想喝,发现旁边的人还在低头画,不免扬扬得意起来。于是,他一手端着酒壶,一边给蛇画脚,一边说道:"你们画得也太慢了,那我就再给蛇画几只脚吧,哈哈!"

这时,另外一个人也画完了。他一把抢过那人手里的酒壶,大声说道:"蛇是没有脚的,你非要添上脚,那你画的就不是蛇了!所以,第一个画好蛇的人不是你,是我!"说完,他仰起头,咕咚咕咚把酒喝完了。

昭阳听完故事,思索之后,放弃了攻齐的计划。

十、画蛇添足

战国策原文

楚有祠者,赐其舍人①卮②酒。舍人相谓③曰:"数人饮之不足,一人饮之有余。请画地为蛇,先成者饮酒。"一人蛇先成,引酒且④饮之,乃左手持卮,右手画蛇,曰:"吾能为之足。"未成,一人之蛇成,夺其卮曰:"蛇固⑤无足,子安⑥能为之足?"遂饮其酒。

——出自《战国策·齐策二》

注释

① 舍人:古代豪门贵族家里的门客。
② 卮:古代盛酒的器皿。
③ 相谓:互相交谈。
④ 且:将要。
⑤ 固:本来。
⑥ 安:怎么(表示反问)。

智慧解读

　　第一个人画完蛇就已经赢了，但是他非要多此一举，给蛇添上脚，结果反倒输了。陈轸是想借这个故事告诉昭阳：攻下魏国已是极大的战功，班师回朝会得到极大的封赏。即使再攻下齐国，封赏也不会更高。可一旦攻齐失败，不仅攻魏的战功会被一笔勾销，还有可能获罪。适可而止，见好就收，才是大智慧！

十一、海大鱼

——人人都有好奇心

在齐国打败魏国的过程中，靖郭君田婴也立下了许多功劳。为了奖赏田婴，齐威王将一个叫"薛"的地方封给了田婴。

我只说三个字就走，请你速速通报。

田婴准备在薛地修筑城防。因为担心这样做会引起齐威王的猜疑,不少门客来劝阻他。田婴不听规劝,吩咐谒者如果再有门客前来拜见,就不用通报了。

一个齐国门客请求拜见田婴,说道:"我说三个字就走,如果多说一个字,你们就把我煮了。"

于是,田婴召见了他。

门客快步走到田婴面前,说道:"海大鱼。"说完,转身就走。

田婴不明白,赶忙说:"先生请留步,把话说完吧。"

门客说:"我说了只说三个字,不敢拿自己的性命当儿戏!"

田婴说:"不妨事,请继续说完。"

门客说:"您没听说过海大鱼的故事吗?用渔网网不到它,用鱼钩钩不住它。可是,一旦它得意忘形离开了海水,连小小的蝼蚁都能对它随意欺侮践踏。如今齐国就是您的海水,如果您能长久拥有齐国的庇佑,要薛地又有什么用呢?否则,即使把薛邑的城墙筑得高如青天,也于事无补。"

田婴听完表示赞同,随后放弃了在薛地筑城。

战国策原文

靖郭君将城①薛,客多以谏。靖郭君谓谒者②,无为客通③。齐人有请④者曰:"臣请⑤三言而已矣!益一言,臣请烹。"靖郭君因见之。客趋⑥而进曰:"海大鱼。"因反走⑦。君曰:"客有于此。"客曰:"鄙臣不敢以死为戏。"君曰:"亡⑧,更⑨言之。"对曰:"君不闻大鱼乎?网不能止,钩不能牵,荡⑩而失水,则蝼蚁得意焉。今夫齐,亦君之水也。君长有齐阴⑪,奚⑫以薛为?夫齐,虽隆薛之城到于天,犹之无益也。"君曰:"善⑬。"乃辍城薛。

——出自《战国策·齐策一》

注释

① 城:修筑城墙。
② 谒者:负责传达、通报的人员。
③ 通:传达。
④ 请:拜见。
⑤ 请:告诉,说。
⑥ 趋:小步快走,古时臣见君主的一种礼节。
⑦ 反走:转身往回跑。
⑧ 亡:同"无",不。
⑨ 更:再。
⑩ 荡:放纵,不受约束。
⑪ 阴:庇护,荫庇。
⑫ 奚:为什么,哪里。
⑬ 善:表示赞同。

智慧解读

海大鱼之所以在大海中无往而不利,是因为大海的环境和庇护。门客是想借助海大鱼的故事说明一个道理:有国才有家。靖郭君把持齐国大权,才有今日的威名显赫。失去齐国这个环境,他可能什么都不是。乱世之中,别说是一个小小的封地,就是一个国家,都未必能够长久。所以重要的是:加强齐王对自己的信任,巩固自己和齐国的联结。在薛地加固城墙,劳民伤财,还会引起齐王的忌惮,不仅达不到巩固自身实力的目的,还会适得其反,实在是得不偿失。

多亏有你,不然我就成了那上岸的大鱼了。

十二、淳于髡荐贤

——物以类聚，人以群分

齐国一直有开放包容的文化传统。齐威王在位时，齐国就建立了一座稷下学宫，广揽天下人才。公元前319年，齐威王死后，他的儿子齐宣王继位。

各位贤士这边走，排好队！

齐宣王延续了父亲广招人才的国策,并让淳于髡给自己举荐人才。

淳于髡一下子给齐宣王引荐了七个人,齐宣王反倒不高兴了,觉得淳于髡办事敷衍,这七个人里难免有滥竽充数之辈。

于是,他命人找来淳于髡:"我听到一种说法:'千里之内找到一位贤士,就等于和贤士并肩而立,离得很近了;百年之内出现一位圣人,就是圣人接踵而至，出现得很频繁了。'今天你一大早给我推荐了七个人才，是不是有点儿太多了？"

淳于髡摇摇头："大王，不是这样的。您看自然界中，同类的鸟儿会毗邻而居，同类的野兽会结伴而行。如果到低矮潮湿的沼泽去采摘柴胡、桔梗之类的中草药，那么世世代代忙碌都采不到分毫；如果到睪黍山、梁父山的北坡去采收，

那得用车才能载回来！世上万事万物归属不同类别，我淳于髡呢，属于贤士一族。如今大王让我举荐贤士，就好比在宽广的大河中舀一瓢水，在熊熊的烈火中取一星火苗，我要给大王举荐的人才，何止七个啊！"

齐宣王听完淳于髡的解释，觉得很有道理。

战国策原文

夫鸟同翼者而聚居，兽同足者而俱行。今求柴胡①、桔梗于沮②泽③，则累世④不得一焉。及之睾黍、梁父⑤之阴⑥，则郄车而载⑦耳。夫物各有畴⑧，今髡，贤者之畴也。

——出自《战国策·齐策三》

注　释

① 柴胡、桔梗：中药名，生长在山上。

② 沮：低湿的地方。

③ 沮泽：水草丛生的沼泽。

④ 累世：世世代代。

⑤ 睾黍、梁父：山名。

⑥ 阴：山的北坡。

⑦ 郄车而载：敞开车装。

⑧ 畴：同类，类别。

智慧解读

道不同,不相为谋。不同志趣的人,很难融合。淳于髡想通过飞鸟、野兽及柴胡、桔梗的例子让齐宣王明白:"世界上的万事万物都有自己的类别,志同道合的人自然会聚集在一起,这就是物以类聚、人以群分的道理。如果大王承认我是贤士,那么我交往的人自然都是贤士。"所以,淳于髡很快打消了齐宣王的顾虑。

十三、齐宣王见颜斶

——身居高位者,当礼贤下士

齐宣王不惜耗费巨资招揽天下各派文人、学士来到齐国做官、讲学。在齐宣王的资助之下,儒家、墨家、道家、法家、兵家、刑家、阴阳家、农家、杂家等各学派的学者,

都在齐国聚集,他们著书立说、开展学术研究,中国历史上著名的"百家争鸣"因此而起,灿烂的"先秦文化"从此发源。

齐宣王对人才非常宽容,很多时候,即便有些人恃才傲物、得罪了齐宣王,齐宣王也不会追究。

颜斶是齐国高士,不畏权势,隐居湖畔。一次,齐宣王召见他。看颜斶进了大殿,齐宣王就冲他招手说道:"颜斶,你过来!"

颜斶反倒止步不前,冲着齐宣王说:"大王,您过来!"

齐宣王很生气,问道:"王尊贵,还是士尊贵?"

颜斶回到:"士尊贵!"

齐宣王更生气了。

在场的大臣纷纷指责颜斶傲慢无礼,颜斶却据理力争:"我上前是趋炎附势,巴结主上;大王过来是爱才若渴,礼贤下士。从古至今,贤明的君主都是这样的!"接着,颜斶举了很多例子。

大禹当政的时候,诸侯国有上万个。为什么呢?因为他德泽深厚,重用士人。到了商汤时代,诸侯国只有三千个,而现在呢,只剩下二十四个。如此看来,难道不是君王德行有失造成的吗?所以,君王自称"寡""孤""不谷",

难道不是因为他们懂得贫贱为根本的道理吗？他们不是生活困顿、地位卑微的人，却自称孤寡，难道不是谦卑待人、礼让士人的表现吗？

齐宣王听完以后，非常惭愧，表示愿意拜颜斶为老师，并且许诺要给颜斶荣华富贵，天天有肉吃，出门有车乘。

颜斶婉拒了，说道："我更喜欢过清净质朴的生活，饿了再吃，什么都美味；悠闲踱步，就像坐车一样舒服；不触犯王法，也享有富贵生活的怡然自得。我只管直言进谏，大王自己定夺。"说完，他就离开了。

十三、齐宣王见颜斶

战国策原文

古大禹之时，诸侯万国。何则①？德厚之道，得贵士之力也。及汤之时，诸侯三千。当今之世，南面称寡者，乃二十四。由此观之，非得失之策与②？是以③侯王称孤、寡、不谷④，是其贱必本于？'非夫孤寡者，人之困贱下位⑤也，而侯王以自谓，岂非下人⑥而尊贵士与？夫尧传舜，舜传禹，周成王任周公旦，而世世称曰明主，是以明乎士之贵也。

——出自《战国策·齐策四》

注释

① 何则：为什么。
② 与：吗，表疑问。
③ 是以：所以。
④ 不谷：不善，先秦诸侯之长的谦称。
⑤ 下位：地位低微。
⑥ 下人：居人之下，对人谦让。

智慧解读

大臣见到君王，都是主动上前，恭顺礼让，谨小慎微。颜斶却不走寻常路，让齐宣王上前靠近自己，由此引发了"国君与士人谁尊谁卑"的讨论。他通过援引历代先贤的例子，证明了"士贵耳，王者不贵"的观点。当齐宣王有意招揽时，他毅然拒绝并返回乡野，表现了不慕荣华、返璞归真的品质。

十四、千金市骨

——摆正态度，打响名声

齐宣王执政时期，曾经对较弱的燕国发起战争。那是公元前314年，齐宣王派兵攻打燕国，五十天之内就攻下了燕国首都蓟（今北京），杀死燕王哙。

一定要找到千里马啊！

放心，买东西，我是行家！

由于齐军在燕国大肆烧杀抢掠，燕国民众纷纷起来反抗，各诸侯国也准备出兵救燕，齐军被迫撤退。

燕昭王继位后，意图东山再起，报仇雪恨，于是他向自己的仇敌齐国学习，开始广招贤才，还亲自向老臣郭隗请教"如何才能把人才吸引到燕国？"。郭隗给昭王讲了一个千里马的故事。

古时候有一位君主，愿意出千金的高价求购千里马，但是三年过去了，还没有买到。

一个近臣对君主说："请大王派我去找千里马吧！"君主同意了。

三个月后，近臣终于找到了一匹千里马。只可惜，千里马已经死了。近臣花了五百金买回死马的尸骨，并返回禀告给国君。

国君大怒，训斥近臣道："我想要的千里马是一匹活马，你怎么只给我带回来一匹死马的尸骨，还花掉了五百金？"

近臣回答道："您尚且愿意出五百金的高价买一匹死马，何况是一匹活马呢？天下人听说您出五百金买回一匹死马后，必定认为大王才是真心实意购买千里马的人，很快就会有人快马加鞭给您来送千里马！"

不到一年,君主就得到了好几匹千里马。

郭隗讲完故事,对燕昭王说:"大王如果想要求贤纳士,不如先从重用我开始吧!如果连我都能得到大王的赏识,那些比我有才能的贤士必定认为大王是知人善任、任人唯贤的良王,即便千里迢迢,也会来投奔大王啊!"

燕昭王采纳了郭隗的建议。很快,燕昭王真心纳贤的消息传遍天下。各地贤德人才纷纷来到燕国,向燕昭王自荐。

战国策原文

古之君人,有以千金求千里马者,三年不能得。涓人①言于君曰:"请求之。"君遣②之,三月得千里马。马已死,买其首五百金③,反④以报君。君大怒曰:"所求者生马,安⑤事⑥死马而捐⑦五百金!"涓人对曰:"死马且买之五百金,况生马乎?天下必以王为能市马,马今⑧至矣!"于是不能⑨期年⑩,千里之马至者三。

——出自《战国策·燕策一》

注释

① 涓人:国王的近臣,亲近的内侍。
② 遣:派遣,派出。
③ 金:指古代计算货币的单位。
④ 反:通"返",表示"返回"。
⑤ 安:岂,哪里。
⑥ 事:仅仅。
⑦ 捐:舍弃。
⑧ 今:即将,立刻。
⑨ 能:到,满。
⑩ 期年:一年。

智慧解读

君主想要用千金购买千里马,近臣却花五百金带回一匹死马的尸骨,为天下人留下了一种君王求马之心非常急切、爱马之情非常深厚的印象。于是,有千里马的卖家自然会主动把千里马送上门。郭隗是想借这个故事告诉燕昭王:求贤才,不如让贤才自荐。先重用身边的人才,昭王求贤若渴的名声一旦外扬,天下贤士自然接踵而至。

十五、伯乐一顾

——"名人效应"的威力

苏代和战国时期著名的纵横家苏秦是兄弟俩。燕昭王即位后，招揽天下人才，苏代来到燕国，被奉为上卿。

公元前 288 年，燕昭王听说齐国要联合其他四个国家，一起攻打赵国。赵国是燕国的邻居，如果齐国进攻赵国的话，就等于把战火烧到了燕国家门口，这对于燕国是不利的。为了打消齐国攻打赵国的念头，燕昭王派苏代去游说齐国。

这么好的马，怎么没人识货呢？

086 少年战国策

伯乐一见我这宝马,都走不动道儿了!

十五、伯乐一顾

苏代到齐国后，没有机会面见齐王，于是，他找到淳于髡，并给他讲了一个卖马的故事。

有一个人有一匹骏马，他连续三天牵着骏马守在市场里，想把骏马卖出个好价钱，结果无人问津。于是，他找到了相马的伯乐，对伯乐说："我有一匹上好的骏马想卖掉，但是连续三天守在集市中，连个过来询问的人都没有，所以想请先生帮个忙，您到集市上围着我的马转一转，临走时再回过头来看一眼，我给您算一天的酬劳，可好？"

伯乐同意了。第二天,他到集市上按照卖马人的要求,先是围着马转了转,临走时又回过头来看了一眼。

结果,买马的人蜂拥而至,马的价钱一下子涨了十倍。

苏代讲完故事,对淳于髡说:"现在我想把'骏马'献给齐王,但是没有人愿意相助我,先生是否愿意做引荐我的伯乐呢?如果您愿意的话,我会献上白璧一双、黄金千镒作为酬劳。"

淳于髡答应了,然后向齐王推荐了苏代。

齐王接见了苏代,并且对他很满意。

十五、伯乐一顾

战国策原文

人有卖骏马者，比①三旦②立市，人莫③知④之。往见伯乐曰："臣有骏马，欲卖之，比三旦立于市，人莫与言，愿子还⑤而视之。去而顾⑥之，臣请献一朝⑦之贾⑧。"伯乐乃还而视之，去而顾之，一旦而马价十倍。

——《战国策·秦策二》

注释

① 比：（时间上）连着。
② 旦：天。
③ 莫：没有谁。
④ 知：知道，了解。
⑤ 还：同"环"，围绕。
⑥ 顾：回头看。
⑦ 朝：日，天。
⑧ 一朝之贾：一天的收入。贾：价格，价值，此处表示"收入"。

智慧解读

同样的一匹马,卖马人在集市上卖了三天,无人问津;伯乐只是围着马转了转,临走时又回头看了一眼,立刻就有人愿意高价购买。为什么呢?就是因为伯乐的身份,他能够辨别马匹的优劣。在大众看来,伯乐对一匹马的相看、回眸,足以说明这匹马的与众不同。苏代是希望借助这个故事请淳于髡帮忙:淳于髡引荐自己,自己也会回报他。淳于髡在齐国的政治领域占有举足轻重的地位,他推荐的人自然不是等闲之辈。这样一来,苏代的身价倍增,所以齐王才会愿意接见他。

十六、鹬蚌相争

——远离无谓的争斗

燕昭王励精图治，兢兢业业地奋斗了二十八年，国家日渐殷富，积累了相当实力。

当时，燕国有两个重要敌人，一是当年入侵过自己的齐国，二是紧挨着燕国的赵国。赵国见燕国国力逐渐增强，害怕燕国威胁到自己，便决定先发制人，主动进攻燕国。

当时燕国一心想要找齐国报当年入侵之仇，不想与赵国发生冲突，于是，燕国派苏代去游说赵惠王。见到赵惠王后，苏代先讲了一个自己来赵国时经过易水看到的趣闻。

一只从水里钻出来的河蚌正在河边晒太阳，突然一只鹬鸟飞过来，用嘴叼住了河蚌的蚌肉。河蚌见状赶紧合上蚌壳，夹住了鹬鸟的嘴巴。

鹬鸟胸有成竹地说:"别以为你夹住我,我就吃不了你了!只要今天和明天不下雨,你就干死了,我照样美餐一顿!"

河蚌也不慌不忙,对鹬鸟说:"别太得意,我要是死了,你也活不了。只要今天和明天我不松嘴,你就饿死了!"

河蚌和鹬鸟互不相让,直到河边来了一个渔夫。渔夫毫不费力,就把它们两个抓住了。

苏代讲完趣闻，对赵惠王说："如今赵国将要攻打燕国，如果燕赵两军长久僵持不下，双方兵力一定互有伤亡，到时候强大的秦国恐怕就要扮演渔夫的角色了，所以希望大王能够深思熟虑之后再做决定。"

赵惠王觉得苏代说得很有道理，于是取消了攻打燕国的计划。

哈哈，今晚可以加餐啦！

十六、鹬蚌相争

战国策原文

赵且伐燕，苏代为燕谓惠王曰："今者臣来，过易水。蚌方①出曝②，而鹬啄其肉，蚌合而拑③其喙④。鹬曰：'今日不雨，明日不雨，即有死蚌！'蚌亦谓鹬曰：'今日不出，明日不出，即有死鹬！'两者不肯相舍⑤，渔者得而并禽⑥之。今赵且伐燕，燕、赵久相支⑦，以弊⑧大众，臣恐强秦之为渔父也。故愿王之熟⑨计之也！"惠王曰："善。"乃止。

——出自《战国策·燕策二》

注释

① 方：刚刚。
② 曝：晒。
③ 拑：同"钳"，表示"夹住"。
④ 喙：嘴，指鸟兽的嘴。
⑤ 舍：放弃。
⑥ 禽：通"擒"，表示"捕捉"。
⑦ 支：抵抗，抗拒。
⑧ 弊：破坏，疲困。
⑨ 熟：表示程度深。

智慧解读

鹬蚌相争，因为双方意气用事，都不懂得退让，结果两败俱伤，渔翁趁机而入，坐收渔利。苏代借助这个故事，警示赵惠王：赵国攻打燕国，两军交战，对双方都是消耗。如果到时候秦国出兵攻打两国，两国可能不战而败。最后，秦国反倒成了最大的受益者。这实在不是明智之举。

十七、贯珠者献计

——换个角度思考问题

公元前284年,燕昭王认为燕国的实力已经足够强,而齐国正在衰落,燕国报仇的机会到了。于是,燕昭王联合赵、秦、魏、韩五个国家,组成联军攻打齐国。

五国联军的指挥者是名将乐毅，在他的带领之下，联军一举攻下七十多座城池。齐闵王被迫出逃，后来在莒城被杀。齐国人田单坚守即墨城，并成功迎回齐闵王的儿子田法章，也就是后来的齐襄王。

田单战功卓著，收复了大量失地，在百姓心中的威望越来越高，引起了齐襄王的不满。

有一天，襄王和田单路过淄水。

一位老者蹚水过河,脚都冻僵了,上岸后无法走路。田单见状,赶紧吩咐随从给老者拿件衣服。随从告诉田单没有多余的衣服,田单便脱下自己的裘衣给老者穿上。齐襄王憎恨田单的行为,自言自语道:"田单这么做,明摆着想要收买人心,意图夺取寡人的王位。如果不提早谋划,必成后患!"

话刚说完,齐襄王就意识到自己失言了。他环顾左右,发现没有旁人,只是岩石下有个穿珠子的人,于是问道:"你听到寡人说的话了吗?"

穿珠人不慌不忙地答道:"禀告大王,我听到了!"

齐襄王接着问道:"那你觉得寡人说得对不对啊?"

穿珠人说:"大王不如顺水推舟,把田单的善行变成自己的善行。您嘉奖田单,然后昭告天下:'寡人担心百姓挨饿,田单就收容饥民并且分发食物;寡人担心百姓受冻,田单就解下裘衣赠予百姓;寡人心系百姓,田单也跟着忧虑百姓……想寡人所想,急寡人所急,很合寡人的心意!'田单施善行,大王嘉奖他,称赞田单的善行,那么田单的善行,也是大王的善行啊!"

齐襄王听完感叹道:"有道理!"

与其打压,不如把他的功劳抢过来!

十七、贯珠者献计

战国策原文

过菑水①，有老人涉菑而寒，出不能行，坐于沙中。田单见其寒，欲使后车②分衣，无可以分者，单解裘而衣之。襄王恶之，曰："田单之施，将欲以取我国乎？不早图③，恐后之。"左右顾无人，岩下有贯珠者，襄王呼而问之曰："女④闻吾言乎？"对曰："闻之。"王曰："女以为何若⑤？"对曰："王不如因以为己善。王嘉⑥单之善，下令曰：'寡人忧民之饥也，单收⑦而食之；寡人忧民之寒也，单解裘而衣之；寡人忧劳百姓，而单亦忧之，称⑧寡人之意。'单有是善而王嘉之，善单之善，亦王之善已。"王曰："善。"

——出自《战国策·齐策六》

注释

① 菑水：又称淄水，《山海经》中记载的一条河流。
② 后车：副车，侍从所乘的车。
③ 图：谋划。
④ 女：通"汝"，指你。
⑤ 何若：如何，怎么样。
⑥ 嘉：嘉奖，赞美。
⑦ 收：收容，接受。
⑧ 称：符合。

智慧解读

面对齐襄王的问题,贯珠者左右为难,不管自己回答"听到",还是"没听到",都难逃一死。事情的关键在于齐襄王和田单的对立。只要扭转了对立的局面,这个问题就迎刃而解了。于是,贯珠者出了一个主意,让齐襄王嘉奖田单并且昭告天下,这样田单就成了齐襄王仁政的施行者,成了百姓和齐襄王中间的桥梁。如此一来,田单的善举就成了君王的恩泽。贯珠者的机智回答,不仅解了自己的性命之忧,还给足了齐襄王的面子,并且保住了齐国的栋梁之材田单。

十八、两虎相斗

——不要在冲动时做决定

齐国和楚国原本是盟友,他们之间的同盟关系,给试图争霸中原的秦国带来了极大的威胁。于是,秦国便派谋士张仪出使楚国。张仪对楚国国君楚怀王说:"你如果愿意与齐国绝交,我们秦国愿意割让六百里土地给楚国。"

楚怀王见利忘义，与齐国绝交，等他找张仪索要土地时，张仪却说："当初许诺的不是六百里土地，而是六里地。"这便是历史上"张仪诈楚"事件。

由于楚国背弃了与齐国的盟约，齐国很生气，干脆与秦国结成同盟，并试图联合秦国一起攻楚。楚国得知这一消息后，连忙派陈轸来跟秦国讲和。陈轸之前在秦国做过官，所以秦惠王对陈轸说："咱们本来就是故交，你现在虽说为楚怀王效力，但

是能不能也替我出出主意啊?"陈轸没有直接回答,而是给秦惠王讲了一个打虎的故事。

春秋时期,有一个勇士叫卞庄子。当地有两只老虎,经常伤人,还吃百姓家里的牲畜,卞庄子就想为民除害。

一天,两只老虎又咬死了一头牛。卞庄子提着剑赶了过去,一看到老虎就想上前斩杀。

这时,一个叫管宇的人拦住了他,说道:"老虎是很凶猛的兽类,常常把人类当作美味佳肴。你这样贸然上前,万一打不过老虎,岂不是白白成了它们的盘中餐?现在两只老虎分食一头牛，等会儿肯定会因为抢食打起来。小的那只会被咬死，大的那只也会受伤，到时候你再上前就能轻松取胜。没有和老虎搏斗的辛劳，却能博得刺死两只老虎的美名，不是更好吗？"

过了一会儿，两只老虎真的打了起来。结果大老虎把小老虎咬死了，它自己也受了伤。卞庄子看准时机冲了上去，一剑就把大老虎刺死了。

秦惠王听完故事，明白了陈轸的意思，他决定在随后的楚齐之战中静观其变。

战国策原文

有两虎诤①人而斗者,管庄子将刺之。管与止之曰:"虎者,戾虫②;人者,甘饵③也。今两虎诤人而斗,小者必死,大者必伤。子待伤虎而刺之,则是一举而兼两虎也。无刺一虎之劳④,而有刺两虎之名⑤。"

——出自《战国策·秦策二》

注释

① 诤：同"争",表示"争抢"。
② 戾虫：凶暴的动物。
③ 甘饵：动物的美食。
④ 劳：辛苦、辛劳。
⑤ 名：美名、名誉。

智慧解读

两虎相斗，必有一伤。卞庄子听取管宇的建议，没有贸然行动，而是选择在一虎死、一虎伤的情况下再出击，既保证了自己的安全，还一举铲除了两只老虎。当然，现在的老虎是濒危野生动物，不能随意猎杀了。陈轸借助老虎的故事，告诉秦惠王：楚齐之战好比两虎相斗，等双方互有伤亡的时候，秦国再出兵援助齐国，这样不仅齐国会感激秦国，还能避免过早地卷入战争。况且，楚齐两国兵力被削弱后，无形中增强了秦国的实力。先按兵不动，后坐收渔翁之利，何乐不为呢？

十九、曾母投杼

——流言可畏，蜚语诛心

公元前308年，秦武王想要派大将甘茂率军攻打韩国的宜阳。

甘茂有两个担心：第一，宜阳虽为县，但人力、物力丰富，秦军跋涉千里攻打宜阳，困难重重，无法速战速决，恐怕要做持久战打算；第二，秦国朝中有人反对攻韩，如果从中作梗，秦武王中途左右摇摆，结果一定会功败垂成。

为了消除这两个隐患，甘茂给秦武王讲了曾参的一个故事。

十九、曾母投杼

以前,曾参住在鲁国的费地,费地有一个和曾参同名同姓的人杀了人。有人跑来告诉曾参的母亲:"曾参杀人了!"

曾参的母亲坚定地说道:"我儿子不会杀人的!"说完,镇定自若地继续织布。

过了一会儿,又有一个人跑来告诉曾参的母亲:"曾参杀人了!"

曾参的母亲没有说话，照常低头织布。

过了一会儿，又有一个人跑来告诉曾参的母亲："曾参杀人了！"

曾参的母亲这次真的信了，赶紧扔下织布的梭子翻墙逃走了。

秦武王听完故事，向甘茂保证自己不会听信谗言，并与甘茂在息壤定下盟约。

此曾参非彼曾参啊！

十九、曾母投杼

战国策原文

昔者曾子①处②费，费人有与曾子同名族③者而杀人，人告曾子母曰："曾参杀人。"曾子之母曰："吾子不杀人。"织自若④。有顷⑤焉，人又曰："曾参杀人。"其母尚⑥织自若也。顷之⑦，一人又告之曰："曾参杀人。"其母惧，投杼⑧逾墙⑨而走⑩。

——出自《战国策·秦策一》

注释

① 曾子：名参，孔子的徒弟。
② 处：住在，居住。
③ 名族：名和姓。
④ 自若：镇静自如；一如既往。
⑤ 有顷：不久，过了一会儿。
⑥ 尚：还，表示动作或者状态持续不变。
⑦ 顷之：不久，过了一会儿。
⑧ 杼：织布的梭子。
⑨ 逾墙：翻墙。
⑩ 走：逃跑。

智慧解读

知子莫若母。但是当有人一而再、再而三地跑来说"曾参杀人"的时候,曾参母亲对儿子的信任最后也彻底崩塌了。甘茂想表达的意思是:"秦武王对自己的信任比不上曾参母亲对儿子的信任,而朝中猜疑自己的人远超三人,如果秦武王不能坚定立场,早晚有一天会动摇,甚至变卦,攻打宜阳一定会失败。所以,宜阳之战的关键不在于自己,而在于秦武王。"后来朝中果然有人说甘茂的坏话。甘茂提醒秦武王息壤之约,秦武王这才坚定信心,全力支持。最终,甘茂成功攻破宜阳。

二十、猎者得麋

——在绝对力量差距面前，再多技巧也没用

楚怀王得知秦武王要攻打韩国宜阳之后，打算对韩国施以援手，因为他相信凭借韩国国相韩佣的能力，一定能击退秦国的进攻，自己只需要摆出帮助韩国的架势，都不用怎么出力，就能得到韩国的感谢。但陈轸则认为，韩佣根本守不住宜阳，韩国一定会战败，楚国帮助韩国，只会引来秦国的仇恨。为了劝阻楚怀王援助韩国，陈轸给楚怀王讲了一个关于麋鹿的故事。

小鹿鹿快到网里来。

二十、猎者得麋

山林川泽中有很多动物，但是没有哪种动物比麋鹿更狡黠了。每次猎人想要抓捕麋鹿，都会提前设好陷阱，张开大网。

麋鹿很聪明，知道猎人上前驱赶是想让自己落入陷阱，所以它不往前跑，而是反过来朝着猎人跑，还顶撞猎人。这样几次之后，猎人就了解了麋鹿的习性。

于是，猎人改变捕猎方式，举着大网假装要上前驱赶麋鹿。麋鹿还是原来的对策，照旧掉头迎着猎人跑过来，结果一头撞到大网上，被捕获了。

楚怀王听完故事陷入沉思，之后放弃了援助韩国据守宜阳的计划。不久，宜阳被秦军攻破。

二十、猎者得麋

战国策原文

今山泽①之兽，无黠②于麋。麋知猎者张罔③，前而驱己也，因还④走而冒⑤人。至数⑥，猎者知其诈，伪举罔而进之，麋因得矣。

——出自《战国策·楚策三》

注 释

① 山泽：山林与川泽。
② 黠：聪明而狡猾。
③ 罔：同"网"，指捕捉野兽的罗网。
④ 还：返回。
⑤ 冒：顶着，迎着。
⑥ 数：多次，屡次。

智慧解读

狐狸再狡猾,也斗不过好的猎手。麋鹿纵然聪明,终究只是一只麋鹿。它知道反其道而行之,避开猎人布好的大网。但是猎人早已识破了它的计策,所以将计就计,轻松捕获麋鹿。陈轸通过麋鹿和猎人的故事,是想告诉楚怀王:纵然韩侗足智多谋,但是他的谋略也有章可循,恐怕早就被诸侯国掌握,所以才使得宜阳被困。宜阳城破的结局早就注定了,所以不该对韩侗抱有太多期望,否则只会把楚国卷入无故的争端中。

二十一、扁鹊见秦武王

——专业的事，就该交给专业的人

扁鹊是战国时期有名的大夫。一次秦武王生病，召扁鹊前来为他诊病。

大王不必忧心，这病我能治。

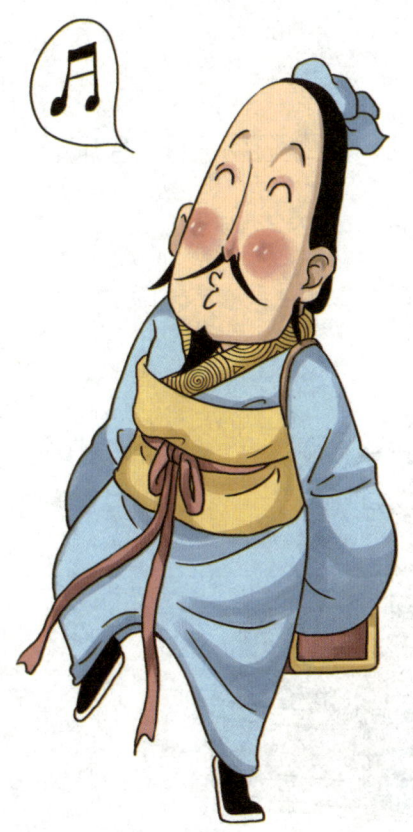

扁鹊了解完秦武王的病情后,安慰他说:"大王,不用担心,这个病我可以医治,您一定能痊愈的!"

秦武王非常高兴,命人妥善安置扁鹊。

　　扁鹊前脚刚走,大臣们就七嘴八舌地讨论起来:"大王生的病,在耳朵上面、眼睛下面,这个位置很特殊啊!即使扁鹊医术很高,也不见得能治好!万一失手,不但没治好病,还可能出现后遗症,使得大王听力下降、视物不清,所以一定得谨慎啊!"

　　秦武王听大臣们一说,不由得也担心起来。等扁鹊再来的时候，秦武王就把自己的担忧告诉了扁鹊。

扁鹊听完，把治病的砭石一下子丢在地上，生气地说道："大王跟懂医的人商量如何治病，又跟不懂医的人一起阻挠治病。治病尚且如此，假如也像这样执掌朝政的话，那任何一个举动都可能导致亡国啊！"

二十一、扁鹊见秦武王

战国策原文

医扁鹊见秦武王,武王示①之病,扁鹊请除②。左右曰:"君之病,在耳之前,目之下,除之未必已③也,将使耳不聪,目不明。"君以告扁鹊。扁鹊怒而投其石④:"君与知⑤之者谋⑥之,而与不知者败⑦之。使⑧此知⑨秦国之政也,则君一举而亡国矣。

——出自《战国策·秦策二》

注 释

① 示:给……看。
② 除:去除,此处引申为"医治"。
③ 已:治愈。
④ 石:砭石,古代治病的石针。
⑤ 知:知道,了解。
⑥ 谋:商量。
⑦ 败:搞坏(事情)。
⑧ 使:假使。
⑨ 知:掌管,执掌。

 **智慧解读**

　　让专业的人做专业的事，才是正道。朝臣善于政事，但无医术可言。扁鹊是名医，最擅长治病。秦武王生病以后，向扁鹊问诊，请扁鹊治病，康复自然指日可待。可是他不听名医的专业意见，却偏听偏信，被大臣们的错误意见所左右，病情加重只是时间问题。治病和执政是一个道理。扁鹊认为，秦武王不懂这个道理，在朝政管理上也会犯同样的错误。不纳贤德忠良的意见，却听信奸臣贼子的胡言乱语，如此执政，国之倾覆，只在旦夕。

二十二、江上船女

——与人方便，自己方便

秦武王与人比赛举鼎时不小心砸断了腿，受伤很严重，不久后便去世了。由于秦武王去世时很年轻，还没有孩子，所以他的弟弟嬴稷继位，成了秦国新一任国君，史称秦昭王。

秦昭王当政时，大功臣甘茂被奸臣诬陷，在秦国待不下去了，只能选择出逃，去往齐国。出了函谷关，甘茂遇见了当时很有名的纵横家苏

你买不买蜡烛？

秦。甘茂想让苏秦帮忙，于是给苏秦讲了一个江上女子的故事。

江上有一群女子一起做针线活，其中一个女子因为家中贫穷，没有钱购买烛火。

其他女子嫌弃她，于是商量着想把她赶走。

　　无烛的女子就要离开了,她说道:"我没有烛火,只能借助你们的烛火。为了表示感谢,我总是早到晚走,为的就是给大家扫扫屋子、铺铺席子。你们又何必吝惜照在墙壁上的那一点儿余光呢?如果我有幸能够借用一点儿烛火,对你们又有什么损失呢?我认为自己的存在对你们还是有用的,你们为什么一定要赶走我呢?

女子们商量了一下,认为无烛女子说得有道理,就把她留下了。

甘茂讲完故事,对苏秦说:"我现在去齐国,愿意为你做些扫房间、铺席子的工作,希望先生不要拒绝我。"

苏秦思索片刻,答应帮助甘茂。

二十二、江上船女

战国策原文

夫江上之处女①，有家贫而无烛者，处女相与语，欲去②之。家贫无烛者将③去④矣，谓⑤处女曰："妾以无烛，故常先至，扫室布席，何爱⑥余明之照四壁者？幸⑦以赐妾，何妨于处女？妾自以有益于处女，何为⑧去我？"处女相语⑨以为然⑩而留之。

——出自《战国策·秦策二》

注 释

① 处女：少女。
② 去：赶走。
③ 将：即将。
④ 去：离开。
⑤ 谓：对……说。
⑥ 爱：吝惜。
⑦ 幸：敬辞，表示对方这样做使自己感到幸运。
⑧ 何为：为何，为什么。
⑨ 相语：互相商量。
⑩ 然：对，正确。

智慧解读

与人方便，与己方便。无烛女子虽然借用了其他人的烛光，但是她也力所能及地做了一些事情。其他人的烛火没有因为与人分享就变得暗淡，她们反而还能得到一些便利。甘茂是想借助这个故事向苏秦求助："你帮助我，对你没有任何损失，但是只要你愿意帮我，我会积极报答你。"后来，苏秦不仅帮助甘茂留在了齐国，还想办法向齐王推荐甘茂，齐王拜甘茂为上卿。

二十三、博胜神丛

——核心利益不可拱手让人

秦昭王继位的时候,年纪很小,他的母亲宣太后把持朝政。宣太后大力扶植自己的弟弟,也就是秦昭王的舅舅——魏冉,不断地给魏冉加官晋爵,没过多久,魏冉就位极人臣、当了丞相,权倾朝野。

谋士范雎想劝秦昭王夺回治理国家的权力,于是,他给秦昭王讲了一个神丛和少年的故事。

恒思有一个勇猛的少年。

有一天,少年要求和神丛玩对弈的游戏。

他对神丛说:"如果我赢了,您就把神灵借给我,为期三天;如果我输了,您可以随意处置我。"神丛答应了。

对弈开始了。

少年左手替神丛掷骰子,右手替自己掷骰子。结果,他赢了神丛。

神丛信守承诺,就把神灵借给了少年。

三天以后,神丛去讨还神灵,少年拒不归还。

五天以后,神丛又去索要,少年还是耍赖不给。神丛没有了神灵,渐渐枯萎。

七天以后,神丛死了。

秦昭王听完故事,认识到皇权旁落的危害,于是下定决心铲除魏冉等外戚的实力。

二十三、博胜神丛

战国策原文

恒思有悍①少年，请与丛②博，曰："吾胜丛，丛籍③我神三日；不胜丛，丛困④我。"乃左手为丛投，右手自为投，胜丛，丛籍其神。三日，丛往求之，遂弗⑤归。五日而丛枯，七日而丛亡。

——出自《战国策·秦策三》

注释

① 悍：勇猛。
② 丛：神丛，神灵所依托的群树，茂密林木中立有神祠。
③ 籍：借。
④ 困：控制在一定范围里；围困。
⑤ 弗：不，表示否定。

智慧解读

有了神灵，群树才是神丛。少年表面上是和神丛玩游戏，实际上他的目标是获得神灵。一旦神灵外借，神丛的法力就消失了，最后落了个枯萎而死的下场。范雎是想借这个故事警示秦昭王："君王好比神丛，权力好比神灵，把皇权交给大臣，导致大臣权力太大，不能被有效制约，君王就会让自己身处险境。一个善于治理国家的君王，一定要牢牢把握威权，大臣们才不敢逾矩，才会规规矩矩、忠心耿耿。"于是，秦昭王决心夺回皇权。后来魏冉下野，范雎拜相。

二十四、群狗争骨

——唯利是图者，必然见利忘义

秦国原本是周朝西北边陲的一个小诸侯国，在秦昭王的太爷爷秦孝公执政时期，重用商鞅，施行变法，从那之后，秦国就成了最强大的诸侯国之一。

秦昭王的爷爷秦惠文王攻占了今天的四川,秦国国力进一步增强。

秦昭王的哥哥秦武王执政时期,一心想要"问鼎中原",秦国想要称霸天下的野心昭然若揭。

到了秦昭王时,其他六大诸侯国为了对付秦国,召集了一群谋士聚集在赵国,意图结成联盟共同抗秦。

秦昭王有点儿担心,虽然

秦国实力不差,但是以一敌六,终究没有多大胜算。丞相范雎安慰他说:"大王,放心吧,他们这联盟结不成!"

秦昭王问:"为什么结不成?"

范雎说道:"您看您养的那些大狗,平时趴着的趴着,站着的站着,走的走,停的停,没有打斗,和谐共处,可是如果在它们中间丢下一块骨头,情况马上就变了。它们都会立马围上去,龇牙咧嘴,互相撕

咬。为什么呢？因为它们都想吃那块骨头，所以起了争斗之心。"

秦昭王觉得有道理。

不久，范雎就派唐雎用马车载着金银出发了。唐雎在赵国的武安大摆宴席，还把金银财宝分发给前来的策士。领到金银的策士渐渐对秦国不那么敌视了，甚至对秦国生出了尊重、敬佩之心。后来的结果是，三千金银还没有散完，聚集在赵国的策士已经打起来了，六国联盟自然土崩瓦解。

二十四、群狗争骨

战国策原文

王见大王之狗，卧者卧①，起者起，行者行，止者止，毋②相与斗者；投之一骨，轻③起相牙④者，何则？有争意也。

——出自《战国策·秦策三》

注释

① 卧：趴着。
② 毋：不，没有。
③ 轻：灵活地。
④ 牙：咬。

智慧解读

没有骨头的时候,群狗在一起,岁月静好,其乐融融。一旦面对美味的骨头,它们就会争抢打斗,因为有了利益的冲突。范雎是想通过群狗的行为告诉秦昭王:六国策士聚集在一起,是为了共同抗秦。这既符合共同利益,更是为了各自的利益。但是一旦让他们之间有了利益纷争,策士们就会起内讧,自动瓦解。只不过狗喜欢的是骨头,吸引策士的是金银财宝。

二十五、百发百中

——适可而止，功成身退

为了实现争霸中原的目标，秦昭王任命"战国四大名将之首"的白起统领秦国军队，征战四方。而后，白起在伊阙之战中大破魏韩联军，攻陷楚国国都郢城，长平之战重创赵国主力。在四方征战的过程中，白起夺取城池七十多座，歼灭近百万敌军，被封为武安君。

白起晚年，秦王派他率兵攻打魏国都城大梁。苏厉听说后去

拜见周王,他向周王历数了白起过去的累累战功,并言明:一旦魏国大梁被攻破,会严重威胁周朝的生存,所以要想办法阻止白起进攻大梁。周王认为有道理,于是派苏厉去见白起。

苏厉见到白起后,没有直接说明来意,而是给白起讲了一个故事。

楚国有个人叫养由基，是远近闻名的射箭能手。他在一百步之外射柳叶，每发必中，围观的人们都赞叹不已。

有一个人从旁边经过，对养由基说："我也擅长射箭，可以做你的老师了！"

养由基很不服气，反问道："别人都为我叫好，你却说可以当我的老师，要不你射几箭让我看看？"

这个人不急不恼，说道："我不会教你射箭的姿势和手法。你射柳叶百发百中，然而却不懂得休息，过不了多久，你筋疲力尽，弓折箭弯，只要一次不中，你的名声就毁了！"

讲完故事，苏厉对白起说："如今将军已经接连攻破了韩国、魏国，不曾停歇。如今又要攻打大梁，你可曾想过，万一这次失败，那以前的赫赫战功都将被一笔勾销，何不推脱说有病暂时歇一歇呢？"

战国策原文

楚有养由基者,善①射。去②柳叶者百步而射之,百发百中。左右皆曰善。

有一人过③,曰:"善④射,可教射也矣。"

养由基曰:"人皆善,子乃曰可教射,子何不代我射之也?"

客曰:"我不能教子支左屈右⑤。夫射柳叶者,百发百中,而不已⑥善息,少⑦焉⑧气力倦,弓拨⑨矢钩⑩,一发不中,前功尽矣。"

——出自《战国策·西周策》

注释

① 善:擅长。
② 去:去除,此处表示"射中"。
③ 过:经过。
④ 善:认为好。
⑤ 支左屈右:射箭时左手持弓、右手屈曲控弦之法。
⑥ 已:同"以"。
⑦ 少:不久。
⑧ 焉:语气词,用于句尾。
⑨ 拨:断,折。
⑩ 钩:弯曲。

智慧解读

虽然养由基是射箭高手,但是如果一味蛮干,不懂得适当停息,总有疲惫的时候,一旦不中,前功尽弃。苏厉是想劝将军白起称病不出,理由是:累累战功,赫赫威名,来之不易。如果自恃功高,接连出兵,难免兵疲马乏。如果因为一次失败而前功尽弃,实在不是明智之举。

二十六、亡羊补牢

——改正错误，越早越好

楚国原本是一个强大的诸侯国，尤其是在楚宣王、楚威王父子在位期间，楚国发展到鼎盛时期，史称"宣威盛世"。

但是在楚襄王即位后，他不仅没有励精图治，反而纵情享乐，不理国事，导致国力迅速衰退。秦国乘机大举入侵楚国，并于公元前287年攻入楚都郢城，烧毁夷陵，著名文学家、楚国大臣屈原，闻讯投河自尽。

可恶，竟真的不留我！

除了屈原之外,楚国还有一位耿直忠诚的大臣叫庄辛,他看到国家内忧外患,几次劝诫楚襄王,如果再不悔改,国家将遭遇不测。但是楚襄王都当作耳旁风,最后气得庄辛离开楚国,去了赵国。

不久,秦国发兵攻打楚国,楚军节节败退,楚襄王被

二十六、亡羊补牢

迫流亡到阳城。这时候,他才想起庄辛的话,于是赶紧派人到赵国接回庄辛。

见到庄辛,楚襄王悔不当初,说道:"我没有听先生的劝告,才走到今天这个地步。接下来该怎么办呢?"

庄辛看楚襄王吃了这么大的败仗,应该是真心知错了,于是回答说:"我听说过一句俗语:'见到兔子以后,猎人再放出猎犬去追也不晚,羊丢了以后,再去补羊圈也不算迟。'虽然这次我们打了败仗,但是根基还在,只要大王知错就改,国家还是大有希望的!"

楚襄王听了之后,信心大增,决心励精图治,并封庄辛为阳陵君,辅佐政事。

二十六、亡羊补牢

战国策原文

庄辛去，之①赵，留②五月，秦果举③鄢、郢、巫、上蔡、陈之地，襄王流揜④于城阳。于是使人发驺⑤，征⑥庄辛于赵。庄辛曰：诺。庄辛至，襄王曰：寡人不能用先生之言，今事至于此，为之奈何？庄辛对曰：臣闻鄙语⑦曰，"见兔而顾犬，未为晚也；亡⑧羊而补牢，未为迟也。"

——出自《战国策·楚策四》

注释

① 之：到，去。
② 留：停留。
③ 举：攻克，占领。
④ 流揜：流亡避匿，揜：同掩，遮蔽，掩盖。
⑤ 驺：古代给贵族掌管车马的人。
⑥ 征：征召，召集。
⑦ 鄙语：俗语。
⑧ 亡：失去。

智慧解读

浪子回头金不换。羊丢了，才想起修补羊圈，虽然丢失的羊找不回来了，但是能避免损失更多的羊。楚襄王吃喝玩乐，不听规劝，好在国破家亡之后，及时悔改。庄辛是想告诉他："只要能吸取教训，痛改前非，就可以避免犯更大的错误、遭受更大的损失。"不过亡羊补牢虽好，但是防微杜渐、防患于未然才是更大的智慧。

二十七、不死之药

——偷换概念有奇效

楚襄王治国无能，还总想着长生不老，他为了满足自己长生不老的愿望，向民间广求丹药，并且招纳方士炼制丹药。

　　一些术士趁机行骗，于是炼丹成为风气，盛行一时。与此同时，楚国的国力却在不断衰落，许多领土被秦国攻占。

　　有一个术士给楚襄王献上了自己炼制的长生不死药，负责传递的宫人拿着丹药入宫准备交给楚襄王，结果路上遇到一个侍卫。侍卫看到宫人手里拿的丹药，问道："这个可以吃吗？"

二十七、不死之药

宫人答道:"这是长生不死药,当然可以吃啊!"

侍卫听完,一把从宫人手里抢过丹药。宫人刚要伸手往回夺,侍卫已经把丹药塞到嘴里吞了下去。宫人大惊,赶紧把侍卫抢夺并服食丹药的事情禀告给了楚襄王。

楚襄王大怒,下令斩杀侍卫。

侍卫不服，于是托人给楚襄王传话："我问宫人'这个可以吃吗'，宫人说'可以吃'，我就抢过来吃了，所以我没有过失，有过失的是宫人。况且给大王献药的人说这是'不死药'，如今我把丹药吃了，若是大王杀了我，这药就成'速死药'了。我无罪，大王却要杀我，'不死药'变成'速死药'，这就证明有人在欺骗您，大王可不要上当啊！"

楚襄王想了想，觉得侍卫说得有道理，于是赦免了他。

二十七、不死之药

战国策原文

有献不死之药于荆王者,谒者操①以入。中射之士②问曰:"可食乎?"曰:"可。"因③夺而食之。王怒,使人杀中射之士。中射之士使人说王曰:"臣问谒者,谒者曰'可食',臣故④食之。是臣无罪,而罪在谒者也。且客献不死之药,臣食之而王杀臣,是死药也。王杀无罪之臣,而明⑤人之欺王。"王乃不杀。

——出自《战国策·楚策四》

注释

① 操:拿。
② 中射之士:宫中侍卫。
③ 因:于是。
④ 故:因此,所以。
⑤ 明:表明,说明。

智慧解读

宫人说丹药"可以吃",是说丹药的服用方式是口服,侍卫辩称"可以吃"代表自己可以服用。献药人给楚王献上的长生不死药,意思是说这个丹药服用了可以延年益寿,长生不老,而侍卫辩称"不死药",代表服用了丹药不能被处死。侍卫对于"可以吃"和"不死药"给出了两种不同的理解,让楚王无法反驳,只能赦免侍卫。这种一句多义、偷换概念的处理方式,体现了侍卫的言辞流利和巧言善辩。

二十八、骥服盐车

——没有机会，才华就等于粪土

楚襄王虽然热衷于长生不老之术，但最终还是身患重病，眼看就要不久于人世。

楚襄王病重时，他的儿子熊完在黄歇的帮助下，回到楚国，楚襄王死后，熊完继承了王位，后人称其为楚考烈王。

为了表彰黄歇的拥立之功，公元前262年，楚考烈王封黄歇为相，封号"春申君"。当时名士流行供养门客，春申君门下供养了数千门客，以交游广阔、仗义疏财闻名。

当时，有个叫汗明的人去拜见春申君，等了三个月，两人才见面。汗明给春申君讲了一个千里马的故事。

有一匹千里马长大了，它拉着盐车，在主人的驱赶下攀登太行山。

二十八、骥服盐车

因为山势陡峭,千里马爬得很艰难。它伸着蹄子,弯着膝盖,尾巴下垂,脚掌溃烂,口水落地,汗水直淌,到了半山坡,实在爬不动了,驾着车辕停在那里。

正巧伯乐经过,看到了这一幕。他赶忙下车,抚摸着千里马,眼泪禁不住流了下来,然后脱下自己的麻布衣服盖在千里马身上。

这时,千里马先是低下头喷着鼻子,缓缓地吐气,然后仰天长鸣,声音直达天际,像敲击金石一样悦耳。

为什么呢?

因为它知道伯乐才是自己的知己!

讲完故事,汗明问春申君:"我身处社会底层,沉寂了很长时间,先生可愿意救我出困顿,为我拂去身上的污秽,让我也为您仰天长鸣吗?"

春申君很感动,表示愿意帮助汗明。

战国策原文

夫①骥②之齿至③矣，服④盐车而上太行。蹄申膝折⑤，尾湛⑥胕⑦溃，漉汁⑧洒地，白汗交流，中阪⑨迁延⑩，负辕不能上。伯乐遭⑪之，下车攀而哭之，解纻⑫衣以幂⑬之。骥于是俛⑭而喷，仰而鸣，声达于天，若出金石声者，何也？彼见伯乐之知己也。

——出自《战国策·楚策四》

注释

① 夫：句首语气词，表示接下来要评论或者描述。
② 骥：骏马，好马。
③ 至：顶点。
④ 服：承担、担任，这里表示拉车。
⑤ 折：弯曲。
⑥ 湛：同"沉"。
⑦ 胕：脚掌。
⑧ 漉汁：嘴里吐的白沫。
⑨ 阪：山腰小路。
⑩ 迁延：徘徊，停留。
⑪ 遭：逢，遇。
⑫ 纻：用苎麻纤维织的布。
⑬ 幂：遮盖东西的巾类，引申为遮盖。
⑭ 俛：向前屈身低下头。

智慧解读

由于主人对千里马的能力缺乏认知，千里马被埋没，只能每天拉盐车，受尽苦楚。伯乐慧眼识珠，认出千里马，从此以后，千里马才能驰骋沙场，征战杀敌，施展真正的本领，发挥最大的价值。汗明想借助千里马的故事请春申君帮忙：做自己的伯乐，让自己的才华有用武之地。

二十九、吕不韦贾于邯郸

——奇货可居，风险与收益成正比

公元前265年，秦国的安国君嬴柱被立为太子。嬴柱有个儿子叫异人，就是后来的"秦始皇"嬴政的父亲。

异人小时候，被作为人质送往赵国。后来秦国和赵国关系恶化，导致异人在赵国生活困窘。

一个偶然的机会，吕不韦在邯郸见到了秦国公子异人。看到异人生活艰难，他突然灵机一动，想到在异人

奇货可居啊！

身上投资以获取回报。

回家后,吕不韦就问父亲:"种庄稼能获得多少利润呢?"

父亲回答说:"十倍吧。"

他又问:"珠宝买卖能获得多少利润呢?"

父亲答道:"一百倍吧。"

他又问:"如果拥立一个失意的公子当上君主呢?"

二十九、吕不韦贾于邯郸

父亲有点儿糊涂了,答道:"那收益就无法计量了!"

吕不韦说:"农民在田里辛苦劳作,也不能丰衣足食,而扶植新君继位,恩泽可以福荫子孙。我决定了,要做成这笔买卖!"

吕不韦前往异人的住地拜见,并对异人说:"子傒有继承王位的资格,又有母亲在宫中相助,而您既没有母亲在宫内,又流放于敌国,前途未卜,一旦盟约背弃,两国开战,公子会首当其冲。您听我为您谋划,让您回

到秦国，就可以继承王位。我代替您去一趟秦国，必定有人来接您回国。"

于是，吕不韦前去秦国，游说安国君最宠爱的华阳夫人的弟弟阳泉君，把异人接回秦国。华阳夫人说服安国君，收异人为嗣子，并立他为太子。异人继位后，封吕不韦为丞相。后来，嬴政继位，就是秦始皇，吕不韦权倾天下。

二十九、吕不韦贾于邯郸

战国策原文

濮阳人吕不韦贾①于邯郸②,见秦质子异人,归而谓父曰:"耕田之利③几倍?"曰:"十倍。""珠玉之赢几倍?"曰:"百倍。""立国家之主赢几倍?"曰:"无数。"曰:"今力④田疾⑤作,不得暖衣余食;今建国立君,泽⑥可以遗⑦世。愿往事之。"

秦之异人质于赵,处于聊城。故往说之曰:"子傒⑧有承国之业,又有母在中。今子无母于中,外托于不可知之国,一日倍⑨约,身为粪土⑩。今子听吾计事,求归,可以有秦国。吾为子使秦,必来请子。"

——出自《战国策·秦策五》

注释

① 贾:做买卖。
② 邯郸:赵国都城。
③ 利:获利;利润。
④ 力:致力。
⑤ 疾:快速。
⑥ 泽:恩泽,恩惠。
⑦ 遗:遗传,遗留。
⑧ 子傒:嬴傒,是安国君最有可能的继承人。
⑨ 倍:背弃,背叛。
⑩ 粪土:比喻毫无价值的东西。

智慧解读

吕不韦是商人，善于运用商人的思维考虑问题。他把异人当作贵重的物品，提供物质帮助，到处游说，不断提高异人的身价。当异人称王的时候，吕不韦自然成了最大的功臣，获得的回报更是做生意难以比拟的声望和权势。

三十、秦攻赵长平

——唇亡齿寒，贪小便宜吃大亏

公元前260年，赵国和秦国在长平屯兵百万，战争一触即发。这是秦、赵之间的战略决战，也是一场即将改变战国时期局势的关键战争。

为了能够对付强秦，齐、燕两国赶来援助赵国。赵、燕和齐都属于强国之列，如果共同联手，获胜的把握肯定更大。

秦襄王心想："这仗边打边看。齐、燕前来救赵，要是他们团结一致，寡人就退兵；要是他们一盘散沙，寡人就一举拿下。"

过了几天，赵军粮食告急，派人向齐国借粮，可是齐王置之不理。

大臣周子觉得不妥，对齐王说："大王，不如接受赵国的请求，借给他们粮草，帮助赵国击退秦兵。否则，秦兵不退，赵军没有粮草支撑，兵败在即，这正好中了秦国的计策，齐、燕两国就失策了。从地理位置上来说，对于燕、齐两国来说，赵国是天然屏障。赵国在，燕、齐两国就安全，赵国亡，燕、齐两国就会暴露在秦国的铁蹄之下。这就像牙齿跟嘴唇，嘴唇没了，牙齿就会感到寒冷。今天赵国罹难，如果我们不施以援手，明天遭殃的就是齐、燕两国。而且，救援赵国十万火急，就好比手捧漏瓮、浇灭烧锅一样，越早出手越好。再说，援助赵国是一种正义的行为，击退秦国可以为我们名扬四海，我们放着扶弱抑强的义举不做，却吝啬粮食，实在是治国方针上的错误啊！"

三十、秦攻赵长平

战国策原文

秦攻赵长平,齐、燕救之。秦计曰:"齐、燕救赵,亲①,则将退兵;不亲,则且遂攻之。"赵无以食,请粟②于齐,而齐不听③。周子谓齐王曰:"不如听之以却④秦兵,不听则秦兵不却,是秦之计中,而齐、燕之计过矣。且赵之于燕、齐,隐蔽⑤也,犹齿之有唇也,唇亡则齿寒。今日亡赵,则明日及齐、燕矣。且夫救赵之务,宜若奉⑥漏瓮,沃⑦焦釜⑧。夫救赵,高义也;却秦兵,显⑨名也。义救亡赵,威却强秦兵,不务⑩为此,而务爱粟,则为国计者过矣。"

——出自《战国策·齐策二》

注释

① 亲:关系密切,同疏相对。
② 粟:谷物。
③ 听:接受,听从。
④ 却:退。
⑤ 隐蔽:屏障。
⑥ 奉:捧着。
⑦ 沃:浇灌。
⑧ 焦釜:烧干的铁锅。
⑨ 显:张扬。
⑩ 务:致力于。

智慧解读

帮别人,也是在帮自己。赵国在,齐国在;赵国亡,齐国危。周子把赵国和齐国的关系比喻成嘴唇和牙齿的关系,就是想警示齐王:两国息息相关,荣辱与共。如果对赵国的危难坐视不管,下一个蒙难的就是自己。只有互帮互助,互相依存,联盟抗秦,才能一荣俱荣。